Manual dos Conquistadores 1

(Mais de 100 Chaves Inspiradoras para você cumprir seu Destino)
Série Melhor Guia para Conquistadores - Livro Um

IKECHUKWU JOSEPH

DEDICAÇÃO

a todos os aspirantes a empreendedores

SUMÁRIO

1 IDENTIDADE PRÓPRIA – DEFINA O CONCEITO, O CONTEÚDO E O CONTEXTO DO AMBIENTE A SUA VOLTA, ETC.

Pepita No.1- Descobrir a si mesmo é algo instantâneo, depois se torna algo progressivo.

- Primeiro passo, desenvolver o Conceito (dentro de você-dado por Deus): Esta é a visão interna. Algo que foi pensado, formado no útero, a origem, o depósito original, a semente. Tem a ver apenas com você. Deus o criou, formou e personalizou você para um objetivo. O conceito, ou identidade própria, que você cria a partir disso, determina o quão bem-sucedido você é. Descubra o que Deus depositou em você no seu nascimento, em sua concepção: seus potenciais brutos, não desenvolvidos. Descobrir a si mesmo, é aprender sobre seu eu, é o processo de estudar sua própria personalidade e motivações (Dicionário Encarta). É descobrir quem você é, da forma que Deus determinou que você fosse. Detalhes do seu eu, potenciais, habilidades e inabilidades! O que você pode oferecer e aquilo que você pode receber para influenciar o mundo ao seu redor. Conhecer e compreender a SI MESMO é um fator-chave em seu sucesso na vida. Disseque seu homem interior, seus disfarces, suas fraquezas e forças, suas habilidades e inabilidades, emoções e forças psicológicas. O que há dentro de você, que o torna único e influencia o ambiente ao seu redor, compreendendo tanto as relações quanto as complexidades existentes, bem como os valores intrínsecos e extrínsecos do seu ser? Em seguida, recorra à sabedoria para eliminar ou minimizar suas fraquezas, consolide formas de controle e maximize suas forças para alcançar uma produtividade lucrativa.

- Segundo Passo: desenvolva o conteúdo (por dentro e por fora – adquirido e vivenciado – seu valor e o que você tem a oferecer): Conteúdo é definido como a quantidade de determinada coisa em um recipiente, o teor de um assunto (questão, discussão e tópicos), significado ou mensagem, informação disponível, materiais, capacidade de um recipiente. Sua identidade, ou potenciais, precisam desenvolver relevância, ganhar educação formal, possuir conteúdo, aprimoramento técnico para se tornar relevante no tempo e contexto presente. A unção de ontem não fará o trabalho de hoje.

- Terceiro passo: desenvolver o contexto (fora de você – ao seu redor): Seus potenciais precisam de uma programação contextual para operar em um determinado cenário, circunstância, situação, estrutura, ambiente (formal) ao redor, uma perspectiva. Sua identidade deve estar relacionada ao meio ambiente para ser bem-sucedida. Você precisa de outras pessoas, ou parceiros para sobreviver. Se ofereça para os outros, deixe que eles acessem seu trabalho e avaliem sua identidade (Para mais detalhes, veja meu livro "Descobrindo a Si Mesmo")

Pepita No.2 – Em todo problema existe uma lição para aprender, amargor para adoçar, um preço a ser pago e um prêmio a ser conquistado.

- Derrote seus problemas ou eles derrotarão você. Um problema construirá ou destruirá você. Tudo depende de você e da forma que o aborda. Enfrente problemas como se fossem projetos que precisam de solução. Para toda questão existe uma resposta. Faça as perguntas necessárias, resolva o quebra-cabeças e a recompensa estará a sua espera. Se você confrontar os problemas, controlará os obstáculos, mas se você os evitar ou fugir, eles ainda estarão esperando por você.

Pepita No.3 – Sua Fé, ou o Destino Deles?

- Fé é confiar em Deus e em suas promessas de proteção ao longo do caminho, mas destino, é quando você deixa tudo acontecer ao acaso, ou aceita todas as coisas como elas se apresentam e da forma como os outros as enxergam. "O que será, será" isso é o que diz o destino "mas eu posso todas as coisas em Cristo, que me fortalece", é o que a fé diz. Enquanto o destino aceita todas as coisas que acontecem como a vontade de Deus, a fé mira e se sustenta nas promessas de Deus. Pela fé, você pode ultrapassar montanhas e enfrentar obstáculos, mas pelo destino, você será derrotado por problemas os quais é capaz de resolver.

- O destino fala em eventos predeterminados ou desfechos inevitáveis a respeito dos quais você não pode fazer nada, enquanto a fé, fala que você possui uma escolha com relação aquilo que acontece com você e que você tem o livre arbítrio para decidir e liberdade para agir. O destino da sorte está frequentemente imbuído de uma conotação de morte, ruína, desventura, etc. Dizem para você aceitar a sua sorte, enquanto a fé em Deus diz que Ele tem um futuro maravilhoso, oportunidades equânimes para todos, mas que a sua fé, ou a falta dela, é que determina quão longe você consegue ir. Mesmo em casos em que a soberania de Deus intervém, você não tem nada a ver com isso, mas deve aceitar as coisas determinadas por Ele para que se materializem. Se você rejeita isso, então, não acontecerá.

Pepita No.4 – não deixe uma boa ideia morrer dentro de você. Uma única ideia pode levá-lo ao topo, ou desencadear sucessos em uma cadeia de reações sucessivas.

- Ideias, insights de negócios surgem como pequenos palpites, indagações, testemunhos pessoais, impressões, vozes que Deus derrama dentro de você. Grandes invenções e descobertas científicas de hoje em todo o mundo, surgiram por meio de acidentes, designs e até mesmo erros. Algumas pessoas enxergam pão ou ouro onde outros veem apenas pedras. Até mesmo pedras, como Jesus disse, podem criar boca e louvar a Deus, se os homens se recusarem a fazer isso.

Os brancos vieram para a África e levaram consigo minerais que chamamos de areia vermelha e manufaturaram isso criando produtos que nos vendem de volta. Eles pegaram o cacau das nossas fazendas e o manufaturaram, produzido chocolate, o que a maioria dos nossos fazendeiros nunca havia consumido antes. Abra seus olhos, explore e desfrute do seu ambiente.

Pepita No.5 – Empodere sua voz, falada ou escrita.

-Você possui uma voz, mesmo quando não consegue cantar ou falar. Está em seu coração e em sua mente, queimando dentro de você. Ela necessita ser expressa. O mundo, quer ver e ouvir você. "Eu tenho um sonho", essa foi a voz de Martin Luther King Jr. Ouça isso:

- Nos Estados Unido, o feriado (terceira segunda-feira de janeiro) era observado em homenagem às conquistas de Martin Luther King Jr. Um ministro da Igreja Batista que advogava em favor da não violência para erradicar a segregação racial, a princípio, ele alcançou proeminência nacional durante um boicote a ônibus, realizado por afro-americanos em Montgomery, Alabama, em 1955. Ele fundou a Conferência de Liderança Cristã do Sul em 1957 e liderou a Marcha sobre Washington em 1963. Era o líder pelos direitos afro-americanos mais influente nos anos 1960, ele foi um instrumento para a aprovação dos Atos dos Direitos Civis de 1964, que proibiu a discriminação em alojamentos e estabelecimentos públicos, e empregos, bem como o Ato pelo Direito ao Voto em 1965. King recebeu o Prêmio Nobel da Paz em 1964. Ele foi assassinado em 4 de abril de 1968 (Fonte - Encyclopedia Britannica).

- Embora tenha falecido, suas palavras, parte de seu discurso "Eu tenho um sonho", continua vivo e sendo propagado, influenciando milhões de vida hoje.

"Se eu perecer, pereci," foi a voz de Esther na Bíblia e mudou o destino de uma nação inteira que enfrentava o extermínio, salvando-os. Você tem uma voz, seja escrita ou falada, e possui uma mensagem para o mundo. Quem é você? Uma Débora, que preside sobre o Judiciário de Israel, quando os homens falharam? Uma Mary Slessor, que impediu a morte

MANUAL DOS CONQUISTADORES 1

de gêmeos? Todas elas falavam com a voz dada por Deus. Quem é você? Um cantor, que canta uma música qualquer ou que canta suas próprias canções? Um palestrante motivacional, propagador das boas-novas? Um autor que transforma sua voz em um livro? Um pesquisador, que busca, investiga e que prova a si mesmo e o seu valor? Livros tem vidas praticamente eternas. Interaja com seu meio ambiente. Palavras podem ser criativas e sua voz é ativa.

Pepita No.6 – Quando saímos das prisões que nós mesmos construímos para nossas vidas para adorar a Deus, entramos no palácio da vida, como José. Continue louvando a Deus não importa o que aconteça...

- Preocupação e ansiedade nunca resolvem nenhum problema, ao contrário, criam mais. Quando estiver sobrecarregado por uma situação da vida, simplesmente abra sua boca e louve a Deus. Sorrir e louvar são os remédios que você precisa para seguir em frente. Diga que está tudo bem, mesmo quando estiver no fundo do poço. Dizem que profetizar gera frutos. Aqueles que pensam positivamente, vivem mais tempo para usufruir de seus sonhos, do que aqueles que são negativos.

Pepita No.7 – Orações consistentes são muito benéficas. Ore até que algo aconteça.

- Não descanse até que tenha aquilo que deseja. Passe mais tempo se comunicando com seu criador, que possui o controle do universo e de seu local de trabalho. Existem coisas que só a oração pode resolver, se você ousar orar. Existem coisas que estão acima dos homens e com as quais apenas os céus podem lidar. Você, workaholic, com certeza precisa disso. Quando você faz o trabalho no mundo físico, os céus lidam com o mundo espiritual e então você é capaz de lidar também. Orações consistentes alcançam muitas coisas. Ore no tempo de orar e fora do tempo de orar também.

Pepita No.8 – Portas fechadas estão aguardando o tempo certo. Você precisa esperar um tempo, em oração e fazer um esquadrinhamento espiritual para saber o que está guardado para você.

- Portas fechadas significam que você precisa de portas

abertas ou céus abertos. Você precisa de acesso divino. Analise a situação, localize a fonte do problema e ofereça solução. Portas fechadas são como água pingando de um balde furado, investimentos que resultam em desperdícios. Você emprega muito esforço e obtém pouco resultado.

Pepita No.9 – Quando todas as coisas e todos os lugares parecem escuros e sombrios, OLHE PARA O ALTO, pois ali haverá luz. Ainda podemos enxergar Deus através das sombras da escuridão.

- Dizem que há uma luz no fim do túnel, mas você não precisa esperar até o final de um túnel escuro. Quando você coloca Deus em primeiro lugar, ele sempre irá à frente, conduzindo o caminho. Ele diz que os caminhos do justo são conduzidos pelo Senhor. Se você o fez o Alfa, ou o início, ele certamente estará lá como o Ômega, ou o final. Aqueles que abandonam Deus, abandonam as misericórdias Dele. Quando a escuridão cair, é hora de começar a ver com os olhos espirituais, ou seu sexto sentido, que eu chamo de sentido do Espírito Santo. Pois a bíblia diz que Ele o guiará a todas as verdades. Você precisa do diretor Espírito Santo.

Pepita No.10 – A vida é constituída de uma variedade de decisões, de escolhas feitas. Mantenha-se sempre descobrindo mais sobre si mesmo

- As decisões ou escolhas que você fez ontem, ou no ano passado, são o que mantém você onde está agora, tanto para o bem quanto para o mal. Elas transformaram você em uma estrela, ou lhe cobriram de cicatrizes? Contudo, você pode transformar essas cicatrizes em estrelas. Onde houver vontade, sempre haverá um caminho, é o que dizem. Aqueles fracassos apenas revelaram algumas de suas fraquezas, não para lhe matar, mas para que você possa fazer as correções e começar novamente. O ilustre presidente americano Abraham Lincoln concorreu a todos os cargos políticos existentes nos EUA e falhou por muitos anos, antes de concorrer à presidência e ganhar, unificou os Estados e aboliu o comércio de escravos. Paciência é uma virtude.

2 ESCREVA, NUTRA E DESENVOLVA SEUS POTENCIAIS

Pepita No.11 – A vida é uma manifestação de seus sonhos. Você escolhe seus sonhos

- Sonhos não são realidade, mas podem ser transformados nela. Os sonhos também são livres. Você escolhe seus sonhos. Escreva seus sonhos, nutra-os e desenvolva maneiras de incubá-los para que se tornem realidade. Qual é o seu sonho? Ser isso ou aquilo, ou fazer tal coisa! E então, você deve proteger seus sonhos dos assassinos de destinos e da inação.

Ações proativas e agentes ativos, manifestam seus frutos mais cedo, enquanto agentes reativos chegam frustrados e atrasados.

Pepita No.12 – Grandes apostas são pequenas apostas que continuaram sendo apostadas. Eu posso ver seu sol, erguendo-se para fora da obscuridade. Continue tentando.

- Comece em algum lugar e comece pequeno, com aquilo que você é capaz de mastigar. Todo grande homem começou pequeno e cresceu através das dificuldades, subidas e decidas do topo, ao longo dos anos. Consistência, persistência e frequência de ocorrência desempenham papéis importantes no progresso da vida. As grandes apostas começaram com pequenas tentativas, obedecendo às regras e conquistando os obstáculos até o topo. Comece hoje.

Pepita No. 13 – Você possui apenas 3 dias em perspectiva – o ontem já foi, tendo ganhado ou perdido. O hoje é o que você tem com você. O amanhã, você não tem. Haja agora.

- A procrastinação é comparada as desculpas de um homem preguiçoso. Um homem preguiçoso está sempre adiando o dia mal. Eu vou fazer, eu vou fazer, mas ele nunca faz nada. O que você está sofrendo hoje é um resultado do que não fez ontem. Comece aquele projeto. Embarque naquela jornada. Faça aquela ligação. Bata naquela porta. A única certeza da sua vida é o hoje ou pelo menos parte das vinte e quatro horas. Sua vida se estende apenas sobre o hoje. Ainda que você encontre um Nostradamus que enxerga o amanhã, mas ainda assim não pode garantir o seu amanhã. Porém, confiamos e temos fé em Deus para um amanhã, porque está ligado ao nosso hoje. Nosso conceito de propósito hoje está relacionado a um padrão organizado daquilo que perseguiremos amanhã no plano de Deus para nossas vidas.

Pepita No.14 – Não espere por portas abertas todas as vezes, crie uma.

- Crie portas abertas hoje ou pode morrer velho, esperando por uma oportunidade que não pode ter ou que não existe. Pare de esperar por um estereótipo, clichê de marido ou esposa, carro, ou situação financeira que ainda precisa ser criado ou fabricado. Lide com suas portas fechadas para forçá-las a abrir porque algo ativou, estimulou ou instigou a abertura delas. Portas são propensas a abrir ou fechar. Foram criadas dessa forma. Portanto, produza e promova efeitos que possam mantê-las abertas. Não espere se não for para esperar pelo tempo perfeito de Deus. Existem esperas ou atrasos que são autoinduzidos, outros induzidos por Satanás e ainda há aqueles induzidos por Deus.

Pepita No.15 – Lute a boa batalha da fé.

- Deus quer que nós lutemos porque ele nos chamou para sermos soldados da cruz. A vitória só vem pela luta e vencer vem através de tentativas bem sucedidas. Bons lutadores sempre esperam em fé enquanto os mais assustados na maioria das vezes falham antes que a batalha comece. Você pode vencer. Deus o programou para ser um vencedor, se não fosse assim, em primeiro lugar ele nem teria criado você. Deus nunca cria ninguém como um perdedor ou fracassado. Ele deu a você todas as ferramentas que você precisa. Elas estão bem aí, dentro de você. Descubra a si mesmo e você vai encontrá-las. Pare de ficar esperando por um tio sem vontade e pelas promessas de uma tia que podem nunca chegar até você. Pela fé, mergulhe nas profundezas e conquiste algo. Aqueles que vão atrás do peixe grande, saem a noite que é quando eles aparecem e buscam pelas águas escuras onde eles crescem. Pare de procurar Jesus no túmulo. Ele não está mais lá. Ele ascendeu. Ele está dentro de você e com você.

Pepita No.16 – Deus não está buscando mãos capacitadas, mas por vasos disponíveis.

- Mãos capacitadas são boas e trabalham para multinacionais, mas vasos produtivos, criativos e úteis trabalham nas mãos do criador porque são dispostos, obedientes e disponíveis para mudanças. São flexíveis, respondem rápido e estão sempre preparados. Enquanto mãos capazes são como moldes fixos. Qual a utilidade de mãos capazes, mas indispostas? Pois se você for obediente e disposto, você comerá do fruto da Terra.

2 Timóteo. 2:20

Ora, em uma grande casa não há apenas vasos de ouro e prata, mas alguns (vasos) de honra e outros de desonra.

Pepita No.17 – O caminho estreito ainda é estreito e Deus não tem intenção de expandi-lo para acomodar suas bagagens, as quais você acabou de descobrir serem ímpias.

- Todo bom produto possui um manual ou livro de referência sobre como aproveitar ao máximo o equipamento ou produto e suas funcionalidades. Sem consultar essa referência você vai fazer um uso aquém da capacidade, ou usar além do que deve, ou ainda usar mal. Você pode ter máquina que possui múltiplas funções, vamos dizer umas dez funções, por exemplo, mas por ignorância você está usando apenas duas ou três. Consulte seu manual de instrução. A bíblia é nosso manual para as coisas de Deus e um manual para a vida. Não acrescente ou remova, não importa como está o nível de desenvolvimento da sua tecnologia, você pode obter dicas sobre seu desenvolvimento e ganhar inspiração, ideias que podem levá-lo adiante. A bíblia é uma enciclopédia, cheia de informações para você descobrir. É um presente do seu criador, o Deus onisciente. Um servo não pode estar acima de seu Senhor. Busque e encontrará. Corte custos, mas evite atalhos, eles nunca acabam bem no final.

Pepita No.18 – Para cada força existe um fator delimitante ou força limitante, chamada fraqueza e para cada fraqueza existe um mecanismo remediador chamado força.

- Você pode gerir suas fraquezas, forças ou deficiências. Suas fraquezas podem ser convertidas em forças, enquanto você rende sua vontade ao Espírito Santo, seja você um extrovertido ou introvertido, seja seu temperamento predominantemente sanguíneo, colérico, fleumático ou melancólico. O Espírito Santo controla os temperamentos! A forma como você se porta diante da vida depende de como você canaliza e direciona essas qualidades e quantidades. Quais são suas forças e fraquezas na vida? (Para mais, veja meu livro, Descobrindo a Si Mesmo)

Pepita No.19 – A guerra no Espírito não é para aqueles que são como crianças no entendimento, novatos nas habilidades ou rasos em conhecimento.

- A guerra espiritual estratégica é uma guerra inspirada e planejada por Deus, em nosso espírito e com o Espírito de Deus, no reino espiritual, contra forças espirituais das trevas encabeçadas por Satanás e seus agentes. A maioria das batalhas são vencidas e perdidas no reino espiritual, antes de se manifestar no físico. Nas orações (em espírito) estabelecemos nossas batalhas espirituais e físicas.

Zac.4:6

Não por força nem por violência, mas pelo meu Espírito, diz o Senhor dos Exércitos

Pepita No.20 – O que você tem – oportunidades?

- Oportunidades dadas por Deus – elas estão ao nosso redor – agarre-as. Algumas pessoas enxergam pedras onde outras veem pão. Oportunidades são abundantes ao seu redor, nos problemas que você enfrenta diariamente, em seu ambiente e circunstâncias. Resolver aquele problema abre uma nova oportunidade. Oportunidades estão na areia ou solo quando as pessoas descobrem petróleo bruto, ou, ouro negro, até mesmo ouro ou diamante. A oportunidade estava no ar, quando alguém no passado acreditou que seriamos capazes de voar e voamos. Oportunidades estavam na natureza quando Noé estava construindo seu navio, chamado Arca de Noé, sob o solo seco e disse as pessoas que choveria. A oportunidade estava ali quando os antigos homens primitivos, como o chamamos, bateram duas pedras, uma contra a outra para criar fogo, o que nos deu a ideia de fogo e luz hoje.

Você pode criar verdadeiras bem-aventuranças, por meio de aventuras turbulentas. Você pode criar misericórdia a partir da miséria. Pode criar prosperidade da adversidade.

3 IMITAÇÃO É LIMITAÇÃO

Pepita No.21 – Descubra seus potenciais, Recupere seus Diferenciais, Ative a sua Essência, Manifeste suas Credenciais

- Potenciais são habilidades, capacidades e possibilidades, trancadas por seu criador em algum lugar de sua vida, as quais você precisa buscar, encontrar e converter em coisas úteis. Se você não descobrir e partir para a ação, você pode viver uma vida inteiramente desperdiçada e vazia. Potenciais são recursos brutos e não são próprios para o uso, eles precisam ser refinados. Depois disso, recupere seus diferenciais – localize as pequenas discrepâncias, minucias, subtrações e ajustes que precisa fazer em você ou na sua vida para fazê-los florescer. Ative sua essência – ferramentas em você que são essenciais, acréscimos que vão melhorar ainda mais suas descobertas. E quais credenciais você possui? Nisso consiste seu valor e as qualidades que você ganhou com o tempo. Elas precisam ser trazidas à tona para dar suporte a seus potenciais para assim eles deem frutos. Suas potencialidades precisam de educação formal para se tornarem mais belas, ou médicos, se precisarem ser tratadas ou então você precisará dar forma ou reformá-las para que se tornem visíveis.

Pepita No.22 – Apenas imitadores, competem por relevância

- As pessoas dizem que a imitação é limitação. Imitadores

apenas copiam outros, assim, podemos dizer que eles não estão trabalhando com o tipo, trabalho, protótipo, modelo ou padrão original. Isso significa que eles acabam produzindo coisas falsas, as quais são incapazes de defender. Claro que algo falso, não é original, não importa o quanto pareça bom. Eles se tornam competitivos com outras pessoas que são como eles para ganhar relevância e aceitação pública. Algumas pessoas aprendem quando imitam os outros, se esse for o seu caso, então aceite isso com de fato é e pare de se comportar como se você fosse o proprietário original. Plágio não é apenas crime, mas pecado diante de Deus porque você não reconhece a fonte do seu conhecimento ou produto. Dê o crédito a quem ele é devido.

Pepita No.23 – Seu problema de hoje pode ser um trampolim para seu sucesso de amanhã

- Não fuja dos problemas. Busque soluções para seus problemas antes que eles sobrecarreguem você. A maioria das invenções das quais desfrutamos hoje, foram problemas que surgiram com suas caras feias de repente, mas foram resolvidos. A história tem registros de incontáveis cientistas que na busca de encontrar a solução para algum problema encontraram algo novo. As pesquisas são todas sobre isso, buscas e descobertas. Segredos, quebra-cabeças e mistérios são feitos para serem desenterrados e resolvidos.

Prov. 25:2

A glória de Deus está nas coisas encobertas, mas a glória dos reis está em descobri-las.

Pepita No.24 – Então consigo ver, caminhar, correr e até mesmo voar e explorar meu novo mundo. Que grande descoberta! Exclamou o pintinho ao sair do ovo. Você também pode.

- Este filhote de passarinho da história acima, conseguiu sair do ovo usando o bico. Todas aquelas cascas de ovo que prendem você, só podem ser quebradas se você puder desenvolver a sua fé, dar bicadas e parar de restringir suas forças. Se você puder vislumbrar algo, então também pode ser aquilo. Alguém uma vez disse: se você não puder voar, então corra, caminhe. Se não puder caminhar, rasteje. De todas as maneiras possíveis, continue se movendo. Você possui um mundo inteiro a sua disposição para explorar e desfrutar. Descubra seu mundo.

Pepita No.25 – Quem é você? Saia da concha que o cega. O cego pode ver, o surdo pode ouvir e até os mortos são trazidos de volta à vida.

- Fique disponível para servir, ou se posicione em um local em que possa ser alcançado. O homem é um ser gregário, então interaja com outros para receber apoio nas coisas que você não sabe. Você precisa daqueles que sabem o que você não sabe. Precisa dos que tem o que você não tem. Precisa de sócios, companheiros, parceiros e assistentes para vencer na vida.

Pepita No.26 – Resolva seus problemas hoje ou eles destruirão você amanhã.

- Sim, seus problemas podem tanto construir você como destruí-lo. O fator determinante é a decisão que você toma. Identifique seu problema. Disseque-o e o analise, identificando os detalhes ou componentes do problema, de forma que você possa encontrar soluções. Com Deus todas as coisas são possíveis.

Pepita No.27 - Olhe para o alto, confie no céu, depois olhe para dentro, para seus potenciais e só então para fora, em seguida conquiste seu mundo com Deus.

- Com o Deus da providência acima de você para ajudá-lo, munido com os seus potenciais, dentro de você, os quais foram depositados no momento de sua concepção e ainda contando com o ambiente ao seu redor para ser explorado, você pode governar o seu mundo. Todas as ferramentas que precisa estão contidas nessas três fontes.

Pepita No.28 – O tempo não pode ser parado ou interrompido para você, então siga em frente para se manter em relevância. Descubra a si mesmo.

- Dizem que o tempo não espera por ninguém. Este é o seu tempo e oportunidade. O mundo é um palco. Você atua durante seu tempo e depois vai embora para que outros tenham a sua vez. Não deixe que outra pessoa tome a sua vez. Tempos, estações e espaço são funções relacionadas a idade e a força. Se mova com a nuvem. Mova-se com o tempo ou será deixado para trás, preso e frustrado.

Pepita No.29 – As dores podem ser inevitáveis, mas os sofrimentos que as acompanham podem ser evitados.

- Reparos feitos no tempo certo podem impedir desastres iminentes. É melhor moldar crianças do que consertar adultos. Tome o tipo certo de remédio para compensar o efeito resultante das dores. Para toda dor existe um remédio.

Pepita No.30 – As crianças precisam do seu amor, principalmente quando elas não merecem ele.

- Esta é a razão pela qual Deus deu um pai, uma mãe, um guardião, um professor, um irmão ou irmã mais velhos para criá-los da maneira apropriada. As crianças precisam de direcionamento e ajuda para conhecer seu novo mundo. Se você criar seus filhos como galinhas errantes que nunca estão satisfeitas, não espere que eles voem tão alto quanto águias campeãs que voam alto. Treine a criança da forma que se deve e quando ela crescer ela não se afastará disso.

4 O SEGREDO DOS SETE CONQUISTADORES MAIS BEM-SUCEDIDOS DO MUNDO

Pepita No.31 – Posso fazer todas as coisas em Cristo que me fortalece. Fp 4:13.
- A alegria do Senhor deve ser sua força. Ele disse que sem ele você não pode fazer nada. Sua fé em seu Deus vai fazer você conseguir ultrapassar os obstáculos. Aquele que se achega a Deus deve acreditar que ele é quem diz e que ele é um recompensador daqueles que diligentemente o buscam.
Pepita No.32 (para deixar o humor mais leve) Um homem, ao perguntar como seu filho tinha se saído nas provas de história e considerando que ele mesmo era ruim nessa matéria no seu tempo, lhe responderam que a história se repete.
- Onde estão seus filhos agora? Um dos meus professores, enquanto eu estava na faculdade, era tão popular e estava tão imerso em suas pesquisas que tinha pouco tempo para dedicar à sua família. Um dia, ele foi chamado pelo diretor da escola de seu filho porque ele estava se saindo muito mal. Quem vai herdar todo esse sucesso e riqueza, se você não equilibrar suas aspirações pessoais com a sua vida em família? A história vai se repetir no seu caso?
Pepita No.33 – Aprenda o segredo dos sete conquistadores

mais bem-sucedidos do mundo e dos pioneiros

- O cemitério é o lugar mais rico ou a prisão mais luxuosa dos sonhos não descobertos, não explorados, não desenvolvidos e não realizados; de presidentes que nunca presidiram, grandes oradores que nunca fizeram um discurso, astronautas que nunca foram até a lua e médicos que nunca tocaram os doentes ou grandes pregadores que nunca fizeram um sermão.

- Elvis Aaron Presley O melhor musicista do século (Guiness Book of Records), um ex-motorista de caminhão, se tornou a celebridade que ganhou mais dinheiro em um determinado ano, mesmo após sua morte, mais precisamente vinte e sete anos após seu falecimento (2004) e seus discos venderam $45 milhões de dólares.

-William Shakespeare – Ele é reconhecido como o maior dramaturgo de todos os tempos no mundo – o autor mais famoso da história da literatura inglesa – poeta inglês, ator e dramaturgo. Shakespeare foi um aprendiz de açougueiro devido às dificuldades financeiras de seu pai, por exemplo, ele estava aprendendo a vender carne enquanto estudava secretamente. A diferença entre a magnitude de sua grande conquista e sua origem humilde, com educação inadequada e circunstâncias de vida obscura, criou dúvidas com relação à autoria da maioria de seus trabalhos literários.

Seus potenciais de escrita (ainda são apenas ideias dentro de você)? Suas habilidades de escrita (você escreveu trabalhos ainda não publicados)? A proeza da sua habilidade escrita (desfrute da rica cultura escrita)? Continue escrevendo e busque a providência de Deus. Seus sonhos podem escrever seu nome em letras de ouro e se transformar em realidade quando postos em prática.

- John Stith Pemberton: Inventou a fórmula da Coca-cola aos 50 anos, continuava produtivo mesmo em uma idade avançada. A idade não era uma barreira. Assim como a maioria dos inventores que raramente lucraram com suas descobertas, John, devido à falta de senso comercial, perdeu os direitos autorais, deixando sua esposa para morrer na pobreza, apesar de ter criado uma bebida que veio a representar a essência da cultura americana. A idade, ou uma saúde ruim, ou mesmo a falta de uma boa educação serão barreiras para você desenvolver seus potenciais?

-Pelé (Edson Arantes do Nascimento): O melhor jogador de futebol do século (Guinness book of records). Até hoje ele permanece como o atleta mais famoso e mais bem pago no mundo. Nasceu em uma comunidade pobre chamada Três Corações (Brasil) em 1940. Seu pai era um jogador de futebol desconhecido que ganhava pouco. Sua mãe era uma cozinheira que nunca quis que Pelé jogasse futebol devido ao baixo pagamento que o pai dele recebia como jogador. Então Pelé tinha que improvisar, a ponto de usar um coco como bola e latinhas como barras de gol. Ele foi rejeitado por muitos times profissionais depois de jogar pelo estado de São Paulo, mas agora (...)

- Booker T. Washington (um escravo se tornou o principal educador negro do início do século XX) Booker era um escravo privado de educação básica. Ele nasceu em uma fazenda muito pequena, a qual sempre chamou de plantação. Um escravo superou a servidão e a escravidão, mas você nasceu livre ou vive em uma escravidão autoimposta? Você pode se sair melhor, onde um escravizado foi capaz de vencer. Sua mãe era uma cozinheira. Ele frequentou à escola, não como um estudante, mas para carregar livros para a filha de outro homem. Era ilegal dar educação aos escravos. Depois da proclamação da emancipação em 1865 (...)

- Yamaha Torakusu: um construtor de carruagens, fundou aquela que hoje é a maior fabricante de linha completa de instrumentos musicais, a Yamaha era e ainda é uma produtora pioneira de produtos audiovisuais, artigos para casas, esportivos, industriais e de computação. Ele foi de um criador de carruagens, a um criador de imagens. Torakusu era o homem por trás da história de sucesso da Yamaha Musical, Yamaha Motors e Kawasaki.

-Philip Emegwali: O pai da internet. Emegwali P. nasceu em 23 de agosto de 1954 em Onitsha, Nigéria. Embora fosse muito inteligente, ele largou a escola por conta da situação de pobreza de seus pais que não podiam pagar para que todos

MANUAL DOS CONQUISTADORES 1

os seus filhos estudassem. Philip, contudo, estudou por conta própria e foi apelidado de Calculus, ele conseguiu dominar essa matéria aos 14 anos e até mesmo conseguia calcular melhor que seus professores. A falta de dinheiro não parou seus sonhos. Ele usou o que tinha: seu cérebro para chegar onde queria. Você pode criar vantagem de uma desvantagem. O que você tem, nada? Não, você tem vida. Você tem uma máquina de pensar ou um banco de pensamentos chamado cérebro. Você tem Deus.

(Para descobrir como eles conseguiram conquistar essas coisas veja: Descobrindo a Si Mesmo, por Ikechukwu Joseph)

Pepita No.34 – Conheça os seus potenciais de A a Z

- Ative seus Potenciais: Deus depositou a vontade dele, o seu plano, as decisões dele para sua vida, seu destino, os chamados que ele tem para sua vida, em você no momento da criação e no seu nascimento. É sua função descobrir e ativar todas essas coisas.

- Acredite em seus potenciais. O maior mal que alguém pode fazer a si mesmo é desprezar, rebaixar ou diminuir suas habilidades, ou limitações. Acreditar promove o ser. Acreditar gera concepções. Acreditar é ver. Acredite no que você pode fazer.

- Catalise ou carregue seus potenciais: A água não pode ferver sem calor. O ouro não pode brilhar sem ser purificado pelo fogo. A bateria não pode carregar sem um carregador de bateria.

– Descubra seus potenciais. O que são? Onde estão? O que você faz melhor nas aulas ou na vida? Sobre o que você tem mais interesse ou para o que tem mais inclinação? Quais aptidões você tem, inatas ou expostas?

Pepita No.35 – Lembre-se de quem você é, de acordo com o plano divino de Deus e se esforce para se encaixar nesse padrão divino, realize seus planos.

- Descubra o que Deus tem guardado para você e siga isso. A vontade de Deus, a sua vontade perfeita ou a permissiva. Israel foi na direção da vontade permissiva de Deus quando eles pediram por um rei humano, na pessoa de Saul, que os decepcionou. Deus queria ser o rei deles. Você nasceu para realizar o quê? O que você gosta de fazer? Que poderia ser uma dica para ir em direção a seu chamado ou ao seu destino. Uma pequena busca e questionamentos ajudarão sua descoberta. Olhe para cima, para Deus em oração para obter revelação e direção.

Pepita No.36 – Você pode trabalhar duro, mas nessa era digital nós também trabalhamos de forma inteligente. Use as ferramentas disponíveis para abrir as portas que estão fechadas para você.

- Ferramentas, as ferramentas que são relevantes estão em todos os lugares para ajudá-lo. A internet, as livrarias, centro de recursos e pessoas, estão onde você pode obter informação relevante para acessar aquilo que você está procurando. Trabalhe duro, mas também trabalhe de forma inteligente. Deixe-me ilustrar melhor para você: no passado, guardas florestais ou fazendeiros que trabalhavam nas florestas, usavam machados comuns, ou sem fio para cortar Árvores de Iroko gigantes, o que levava semanas ou mesmo meses, além de todos os riscos envolvidos. Depois veio a máquina de corte, que leva apenas algumas horas para derrubar uma árvore. Hoje existem coisas que um computador é capaz de fazer facilmente por você em sua área. Você reduz custos, riscos, medos e maximiza os lucros no menor tempo possível. Desbloqueie não apenas seus potenciais, mas suas portas fechadas também.

Pepita No.37 – Você possui algo. Eu estava reclamando por não ter sapatos até que eu vi alguém sem as pernas.

- Você acha que não tem nada? Não, você tem a vida para começo de conversa. Você tem tempo, pessoas, amigos, pessoas que torcem por você, recursos, o governo, as instituições não governamentais, a internet e principalmente, você tem sua cabeça. Deus não criou você para ser um robô. Mesmo hoje os robôs são programados para serem produtivos. Não viva uma vida desperdiçada. Seu problema é não ter comida, mas e aqueles que estão nos hospitais, que tem comida, mas não possuem apetite. É apenas um problema que precisa resolver e não destruir você. Levante-se e brilhe. Existe esperança, pois sempre haverá um amanhã.

Existe um ditado que diz que se houver vontade haverá um caminho.

Pepita No.38 – Apegue-se a seus sonhos e visões assim como nossos heróis do passado fizeram e a história escreveu seus nomes com letras de ouro.

- Os sonhos são livres e todos têm o ímpeto para sonhar seus sonhos, mas se apegue com força aos seus bons sonhos e visões. Depois incube-os e cuide deles até que esteja os trazendo a existência. O que você vai gerar é aquilo que você os fez ser. Você é um cantor, professor ou escritor, político, médico, engenheiro ou o que mais? Todo começo tem um final, então como o final será para você? Você diz que ninguém sabe do amanhã. Porém, tenha uma direção, foco e um alvo para seus sonhos e visões. Eles são o caminho do seu destino. Sonhos e visões ajudam você a criar um protótipo, uma moldura e uma sólida fundação para um futuro.

Pepita No.39 – Lembre-se que um fracasso não significa que você tenha falhado, mas que você aprendeu alguma coisa que não sabia fazer direito da última vez que tentou ou teve chance.

- O fracasso deve ensinar você sobre aquilo que não fez bem em sua última tentativa. O fracasso só deve ser considerado uma falha quando você coloca em sua mente que será bem-sucedido e conseguir, de fato, ser bem-sucedido. A coragem é tudo que você precisa para derrotar o fracasso, a medida que você aprender com seus erros. Aprenda com a história de outros grandes inventores, cientistas, heróis e heroínas da nossa fé, que ultrapassaram obstáculos e superaram suas adversidades. Um fracasso significa que você aprendeu alguma coisa. Mais um fracasso significa que você aprendeu mais outra coisa. Abraham Lincoln precisou passar por fracasso após fracasso e frustrações durante anos, antes de se tornar o presidente dos Estados Unidos e ter seu nome estampado na história como um dos mais importantes na criação da nação mais poderosa do mundo. Não desista.

Pepita No.40 – O que você tem? Pessoas

- Você possui pessoas que são como ativos ou responsabilidades, simbiontes ou parasitas, talentos ou tubos de esgoto, amigos ou inimigos. Aquilo que você faz com eles, determina seu destino. O que você tem – pessoas que oram com eficiência? Esses são como construções estruturadas, comunicação para comunhão. O que você faz com seus trabalhadores, membros, estudantes, assistentes ou associados?

5 QUEM É VOCÊ – O QUE HÁ EM VOCÊ QUE O FAZ SER QUEM É, SEU EU DE FATO, QUEM VOCÊ É?

Pepita No.41 -Lembre-se que a vitória só pode vir através da luta e ao vencer guerras. Sendo assim, lute e não esmoreça.

- Lute a boa luta da fé. Generais não se tornam generais em um dia. Eles sobem através das patentes, quando se expõem a todos os rigores, treinamentos, dores, desgastes e lágrimas para subir os degraus. Coisas boas e prestigiosas não vem com facilidade. Sem descanso permanece a cabeça de quem usa a coroa.

- A entrada da palavra (o que você conhece) fornece a luz. Você não terá que esperar até o fim do túnel para investir e progredir. O conhecimento – aquilo que você sabe, traz informação, o entendimento faz o papel de analisar o conhecimento e o reformula, enquanto a sabedoria é o conhecimento aplicado que transforma. Quando você se torna mais sábio, você se torna iluminado, ou esclarecido, então pode seguir adiante para cumprir o seu destino (para mais veja meu livro –Conhecimento, Compreensão, Sabedoria – A Força Tríplice na Busca do Acesso ao Divino).

Pepita No.43- Aprimore, refine seus potenciais para fazer

brilhar seus prudenciais e as coisas que você produz.

- A qualidade daquilo que você produz é o que fará você vender. Baixa qualidade fornecerá a você uma baixa avaliação, qualidade alta, avaliação alta. Seus potenciais são como materiais brutos que precisam ser processados para se transformar em produtos finais, então você primeiro deve saber o que são, depois precisa aprimorá-los ao aplicar as ferramentas necessárias: educação, exposição, reajustamento, realinhamento, etc. Estruture e trate seu potencial para que se torne produtivo.

Pepita No.44 – Idade avançada ou aposentadoria não é uma limitação, nem significa que você esteja cansado, ou que o seu tempo já passou.

- Os cabelos brancos são sinônimos de experiência adquirida ao longo dos anos. Você agora pode operar nos bastidores e não na linha de frente, como conselheiro ou consultor, guardião, diretor ou vigilante. Você ainda pode servir ao prover serviços para as gerações mais jovens, amadores, novatos, alunos em sua área de expertise.

Prov. 20:29

A glória de um homem jovem é a sua força e a beleza do ancião está em seus cabelos brancos (que sugerem sabedoria e experiência)

Pepita No.54 - Faça algo que vale a pena e também receberá algo que vale o tempo que você investiu. Não faça nada e então não receberá nada.

- Comece hoje, meu amigo. Aqueles que nunca começam, nunca alcançam a linha de chegada e aqueles que nunca alcançam a linha de chegada, nunca receberão as boas-vindas ou a vitória. Comece de algum lugar, se você estiver com medo ou confuso, sem saber por onde começar. Você encontrará problemas no início, mas sentirá alegria por estar fazendo aquilo. Aqueles que vivem olhando para o clima nunca começarão nada. O dinheiro, lugar, ideia, informação não podem ser um problema, pois se você pedir, receberá. Se você buscar, encontrará e se bater, as portas se abrirão para você. É você quem está prendendo a si mesmo. Hoje temos a internet. Se todos eles disserem não para você, pelo menos eu não direi, nem meu livro, o manual dos conquistadores, pois você já o tem em suas mãos e outras séries de livros também estão à sua disposição. Pelo menos você está sendo capaz de ler isso aqui, agora.

Pepita No.46 – Agite o dom (talentos, potenciais, habilidades) de Deus em você... 2 Tim 1:6

– Por que se agitar? Para que você possa descobrir quem você é. A águia campeã agita seu ninho e o balança, jogando seus filhotes de águia do alto de assustadores penhascos, na direção de perigosos ventos e do mundo desconhecido, para ensiná-los como voar. Quando você é empurrado contra a parede e enfrenta a morte, ou você luta, ou a parede vai lhe empurrar contra seu oponente. Uma vez que você superar o medo inicial, você lutará.

Pepita No.47 – Quem é você, não os rótulos ou nomes que você tem, mas o eu em você, que o faz ser quem é.

- O seu conteúdo na vida, é o que coloca você no lugar ao qual pertence, dentro do esquema das coisas. Isso decide seu destino e o quão longe você pode ir. Trabalhe e melhore seu conteúdo, suas habilidades e sua capacidade. Seu conteúdo é aquilo que você recebeu no momento de sua concepção, ou nascimento. Combine isso com o mundo e veja onde você se encaixa. Você não está em lugar nenhum? Não, você está em algum lugar porque você é alguém, assim, você deve ter acrescentado pelo menos um por cento ao mundo. São apenas os mortos que não se movem. Até os mortos estão aguardando para o julgamento de Deus, a respeito de como utilizaram seus potenciais. Esteja avisado.

Pepita No.48 – Todo Josué precisa de um Moisés. Todo Eliseu precisa de um Elias e todo Timóteo de um Paulo. Conecte seus potenciais a mentores com resultados comprovados.

- Você precisa de pessoas que sabem o que você não sabe. Você precisa daqueles que tem o que você não tem. Você precisa de patrocinadores, mentores, sócios ou tutores. Por favor, retuíte isso, por assim dizer. Quero dizer, divulgue essa mensagem para outro. Deus colocou algumas pessoas em stand by para ajudar você. Encontre aqueles que são seus geradores de provas, que trarão para fora as coisas boas que estão dentro de você e vão separar o que há de amargo daquilo que é doce em você.

Pepita No.49 – Existe cura para tudo que for assustador ou que machuque.

As sombras podem ser assustadoras e visíveis, reais como cicatrizes, mas estão atrás de você. Elas só o assustarão se você permitir. Seus anjos da guarda estão lá, visíveis ou invisíveis. Anjos em uma missão! Deixe seus anjos preparados e eles trabalharão para você. Pare de viver no passado e siga em frente. Aprenda a perdoar a si mesmo pelos erros passados. Você pode ser capaz de restituir aquilo que perdeu, se possível, mas se não for, siga em frente e aprenda com aqueles erros.

Pepita No.50 – Aprovação vem de profundos estudos expositivos e não meras leituras. – um estudo analítico mental, escrutinando as entrelinhas.

- Estudos profundos ou pesquisas, estudos investigativos com provas concretas, realizados através de buscas e perguntas analíticas, desenterram verdades profundas. Cave além da superfície, se quiser encontrar ouro ou diamante. Isso significa que coisas boas não vem com facilidade, então devemos trabalhar duro para atingir nossos objetivos. Encontramos registros fósseis ou históricos porque alguém que trabalhou duro, deixou um rastro e esses são os segredos do nosso grande sucesso tecnológico de hoje. A bíblia diz para estudar para ser aprovado, por exemplo para receber algum certificado ou validação, qualificação, recomendação ou satisfação.

2 Tim. 2:15

Estude para apresentar-se a Deus aprovado, como obreiro que não tem de que se envergonhar, que maneja bem a palavra da verdade.

6 OS TRANSFORMADORES DA SUA VIDA SÃO OS MODIFICADORES DO SEU DESTINO

Pepita No.51 – Os transformadores são como modificadores que estão dentro de você. Eles modificam você, transformando algo bruto em produtos prontos, saindo de coisas inatas para coisas visíveis, uma entrada em saída.

– Desbloqueie os transformadores de Deus em você. Eles são dons, habilidades e capacidades, talentos que, durante a criação, Deus colocou em você para que pudesse processar a vida, assim, você pode acabar sua jornada se tornando mais puro que o ouro. Você deve desbloquear seus potenciais, pois esses transformadores estão guardados aí dentro. São como pistas para desvendar um quebra-cabeças. Eles vão converter seus sonhos em realidade, suas hipóteses em teorias, suas ideias em verdades. Eles reformam e transformam informação em sucesso. Descubra conhecimento dentro de você, compreendendo por si mesmo as coisas e também sabedoria, ao aplicar seu coração para conhecê-las. São modificadores, modernizadores, carregadores, inovadores, determinantes do ritmo e transformadores. Transforme a si mesmo em um grande sucesso para se tornar pleno.

- O efeito de liberar: o transformador não pode trabalhar por conta própria, pois ele precisa receber aquilo que vai transformar. Como? (Veja meu livro "Destravando Portas

Fechadas")

Pepita No.52 – Saia para tornar-se visível, então cresça para se igualar, ou mesmo se elevar a um nível mais alto e seja claro para manifestar. Domine o seu mundo.

-Você não pode brilhar debaixo de um alqueire. Lamparinas ou luzes são postas onde podem brilhar e iluminar o ambiente ao redor. Se posicionar dá a você um lugar de vantagem e permite que você veja os outros e participe da corrida. Veja e descubra o que os outros estão fazendo e saiba como se encaixar ou criar seu próprio caminho. Parece que eu falo ou escrevo em parábolas – sim para que de outra forma as pessoas consigam obter suas próprias pistas, de acordo com suas diversas habilidades. Essas interações e reações com as pessoas, ambiente e recursos criarão para você seu próprio nicho, espaço, visão ou direção na vida. Depois você pode começar a dominar seu mundo.

Pepita No.53 – Lide com a Síndrome de Pobreza Eficiente

- A síndrome da eficiência da pobreza é algo adquirido e ligado por vários padrões, desordens ou condições, que criam um efeito negativo de pobreza para mantê-lo perpetuamente na miséria: podem se desenvolver a partir de um efeito adquirido, herdado, autoinduzido ou efeitos de maldição. Saia disso e seja livre. Comece a lidar com isso e supere esses efeitos negativos para que você não viva eternamente na pobreza.

Pepita No. 54 – Foco divino – descubra o que você foi destinado a cumprir e permaneça nisso. Tenha foco

- Você não pode ser alguém que faz todas as coisas. Ter foco ajuda você a se concentrar e carregar apenas a quantidade que consegue e atingir um nível mais aprimorado de detalhes. Os detalhes importam no sucesso. Quando você sabe o essencial a respeito de um determinado problema, então você alocará a solução no devido lugar. O que você foi destinado a cumprir? Ore e busque a face de Deus para obter direção na vida. Sem direção, você será apenas um andarilho na vida, sem um foco ou propósito.

Pepita No.55 – Em todo processo existe um tempo de espera, um período de gestação e estágio de desenvolvimento.

Não aborte seu sucesso por conta da impaciência.

Um tempo de espera, é um tempo de preparação, planejamento, reunião de recursos e ferramentas que você precisará para executar com sucesso seu projeto. Preparações bem pensadas, bem como trabalhar nos fundamentos é necessário. O período de gestação é um tempo parecido com o que faz um fazendeiro, você poda, rega e planta confiando em Deus para obter uma colheita farta, ou é um tempo como o da gestante, que nutre e cuida da maturação da sua gravidez.

Pepita No. 56 – Sua identidade ou potenciais precisam desenvolver relevância

- Relevância para a sociedade, para o consumidor, clientes e para aqueles que necessitarão ou se beneficiarão com isso. Você precisará de todo estudo formal que puder para tornar seu serviço algo valioso e relevante. Então construa uma plataforma para mostrar a si mesmo, seus produtos e serviços. Tenha um site, blog, anúncios com um alcance abrangente. Crie tal importância ao seu redor e em torno de seus serviços para que então um cliente queira fazer um teste com você ou conferir seu valor. Você é relevante na correria agitada que chamamos de vida, acontecendo ao seu redor?

Pepita No. 57 – A palavra expressa vem de Deus. Uma palavra revelada (rhema) pela palavra (logos) gera revelações para sua audiência variada.

- Para ser frutífero para Deus, seu chamado, ministério e para a relevância em sua mensagem, as portas da expressão oral, ministério e fé devem permanecer abertos.

- A expressão oral atua como lubrificante, ativador e chave profética para abrir suas portas fechadas. A expressão oral vem de Deus e você a obtém na presença de Deus. Aqueles que esperam no Senhor devem renovar as suas forças (recebem revelações em sua palavra, mensagem, palestras, seminários, workshops promovendo para seus ouvintes, Rhema em abundância)

Pepita No. 58 – O que você possui – Talentos, ideias, contatos e etc?

Sim, é assim como dizem, você pode usar o que você tem

para conseguir o que não tem. Comece partindo daquilo que você tem para alcançar o que você não tem, do pequeno para o grande, do amargo para o doce e do mole e frágil para o resistente. Deus depositou em você um transformador, potencial ou tesouro que você precisa descobrir e manifestar. Você é um cantor? Então trabalhe em si mesmo para cantar de forma que traga lucro a você. Você possui uma ideia? Não a deixe morrer dentro de sua cabeça. Uma ideia analisada, estudada e explorada pode gerar trabalhos e descobertas. Você possui contatos? Então bata nessas portas. Faça aquelas viagens. Faça aquelas ligações. Se faça acessível e disponível. As pessoas ou a sociedade, precisam do que Deus deu ou colocou em você.

Pepita No. 59 – Deus lida principalmente com grupos, mais do que com indivíduos, como os discípulos – os três, os doze, os cento e vinte.

- Trabalho de equipe nos move mais rápido em nossa força de trabalho. Duas cabeças pensam melhor do que uma. Então aprenda a trabalhar com outros ou com organizações relacionadas à sua. Existem competências que sua organização pode não ter, mas precisa da ajuda daqueles que possuem. Trabalhe em, e com, grupos para obter melhores resultados porque assim você poderá lidar com múltiplas experiências e competências.

Pepita No. 60 – Existe uma ligação entre o solo aprovado por Deus e o bom resultado nas mãos de um homem.

- Deus, seu criador, conhece sua constituição e estrutura, então é bom consultá-lo e buscar sua direção e orientação em seus esforços. Insights e revelações vem dele, então semeie no solo aprovado por Deus. Invista em empreendimentos viáveis ou você enfrentará aventuras turbulentas.

7 O TIME DOS QUATRO - CONCEITO DOS 4PS (PREPARAÇÃO PRÉVIA, POSICIONAMENTO SÓLIDO, IMPULSO FORTE E PRODUÇÃO EM MASSA)

Pepita No. 61 – Na jornada da vida, melhor ser um pilar de sustentação do que um pilar de destruição.

-Você é um pilar de sustentação ou de destruição em sua organização, comunidade ou associação? Suas contribuições ajudarão alguém que precisará disso. Não espalhe o que você deveria juntar devido ao egoísmo ou interesse pessoal. Apoie aqueles que necessitarão da sua experiência, suas finanças, seu encorajamento, ou mesmo de um tapinha nas costas. Ofereça mãos ajudadoras para que alguém possa segurá-las. Alguém precisa de suas pernas para ficar de pé e de sua força para se erguer.

Pepita No. 62 – Você precisa de uma chave-semente para abrir as portas para os seus resultados frutíferos

- Deus fará coisas maravilhosas em sua vida, mas apenas se houver uma semente.

Gen. 8:22

Enquanto durar a terra, plantio e colheita...jamais cessarão.

Se você não investe por que você esperaobter ganhos. Semeie uma semente se você quer uma colheita. Existe um princípio espiritual para a colheita. Você deve semear se quer colher. Deus espera que nós semeemos uma semente em fé.

Sua semente pode ser um talento investido, pois o dom de um homem constrói um caminho para ele. Uma semente pode ser uma ideia, um investimento, um dom, dinheiro e sacrifício, algo vindo de você, principalmente quando for algo que dói.

Pepita No. 63 – Receber (lucrar) vem pelo dar (investir em outros).

- Deus deu seu único filho. Jesus deu sua única vida. A Bíblia diz, dê e será dado a você em boa medida, calcada, sacudida e transbordante. Seja produtivo se quer ser lucrativo. Esse é um princípio espiritual também. A medida que você dá, é a que você recebe.

Pepita No. 64 – Uma semente de qualidade (conteúdo) em um solo de qualidade (contexto do ambiente ao redor) Traz resultados de qualidade (conceito, produto).

- Seu conteúdo nesse recipiente, chamado você, é aquilo que você mesmo desenvolveu para ser ao longo dos anos. É o seu valor, sua importância, o que você acrescenta também. Então, a qualidade do conteúdo que você investe em seu ambiente ou organização, determinarão o quão aceitável você, ou o valor do seu produto será.

Pepita No. 65 – a destruição dos pobres é sua própria pobreza. (Prov. 10:15).

- Você não nasceu dessa forma, então tome uma decisão para virar a mesa. Você nasceu para vencer e reinar. Então se erga e brilhe, ou a pobreza arruinará você e o seu futuro. Qual é sua própria visão sobre isso – pobreza de ideias, pobreza de dinheiro ou pobreza de motivação? A saída é procurar as coisas que empobreceram você, deletá-las da sua vida e compensar as coisas que você não tem e que farão você se elevar. Deus deu a você tudo que precisa: vida, boa saúde, ideias, amigos, oportunidades de educação e acesso a instituições financeiras, governamentais e não-governamentais. Posicione e reposicione a si mesmo até que seja visto. Se mova na direção do ouro.

Pepita No. 66 – A canção de Debora, a canção de Ana, a canção de Moisés – Que Deus ponha uma doce canção em sua vida.

- Eles foram capazes de cantar suas canções da vitória

porque pagaram o preço. Você luta para vencer, você lê para compreender, você estuda para ganhar conhecimento, você ora para vencer, você fala para ser ouvido e raciocina para compreender.

- Cante uma canção de liberdade, esperança e vitória. Conte sua história, pois alguém está ouvindo para contar sua história como uma alegoria. Canções, sons alegres são como condicionadores. Condicionadores colocam as coisas em uma condição saudável ou condição de trabalho, ou preparam para um uso futuro. Trabalhe duro e também de forma inteligente para que você possa cantar uma canção de triunfo.

Pepita No. 67 – Deixe ir para que você possa soltar. Solte para que você possa colher. Colha para que você possa alcançar. Alcance para que possa colher parar sempre.

- Libere o que Deus depositou dentro de você - ideias, pensamentos, informações, conhecimento, entendimento, ofertas ou sabedoria. Divida com investidores, sócios, parceiros. Fazendo isso seus projetos ganham exposição e patrocínio. Alguém lá fora tem uma ideia e outra pessoa tem o dinheiro para investir em um projeto. Existem pessoas que tem dinheiro, mas não sabem em que ou onde investi-lo. Eles estão esperando por você. Você sabia que o inventor da Coca-Cola, John Pemberton, morreu na pobreza, pois vendeu os direitos sobre a patente para outra pessoa que popularizou a Coca cola e expandiu os negócios, acrescentando ainda outras bebidas. Solte e deixe ir para ser uma benção para o mundo.

Pepita No. 68 – Apesar do obstáculo da prisão, José ainda sonhava e interpretava sonhos, servindo a outros.

-Não deixe obstáculos ou conflitos pararem você. Obstáculos são barreiras para ultrapassar e ganhar a corrida. Você pode se tornar espetacular se desviar ou ultrapassar seus obstáculos. José superou sua família ou rivalidade de seus superiores e inveja, venceu tentações do rei do palácio, a experiência da prisão, escravidão, antes de se tornar um primeiro-ministro. Em tudo isso ele ainda serviu e seu dom construiu um caminho para ele.

- Desperte de seu sono e aprenda com o time dos quatro,

de Provérbios 30:24 -28

- Versículo 25 O sucesso das formigas está em sua preparação prévia. As formigas não são rápidas, mas LENTAS então elas preparam sua comida a tempo para o verão, antes da chuva, quando não conseguem juntá-la devido aos perigos. Prepare-se para os dias chuvosos.

(Preparação Prévia)

- Versículo 26 – O sucesso dos Conies, ou texugos de rocha, está em seu posicionamento ou na localização de seu abrigo para proteção. Eles são muito FRACOS, frágeis, então eles constroem sua casa na rocha para protegê-los (Posicionamento Sólido)

-Versículo 27 – O sucesso do gafanhoto está em sua velocidade. O impulso está na movimentação deles, um movimento massivo e rápido, uma vez que eles não têm um rei. Trabalhe em times. Trabalho em equipe impulsiona (Propulsão Forte)

- Versículo 28 – O sucesso da aranha está em sua produção em massa. Elas são movimentadoras de dinheiro ao seu próprio modo. Elas estão EXPOSTAS e suas teias propensas à destruição por intrusos, então elas estão sempre produzindo em escala para o dia chuvoso. Elas são habilidosas produtoras e caçadoras (Produção em Escala)

- Então, preparação (Formigas), posicionamento (Conies), impulso (Gafanhoto) e produção (Aranhas) são chaves de sucesso que esse time de quatro está oferecendo à raça humana, que pensa que são os donos do mundo.

Pepita No. 70 – Portas fechadas são similares a uma gestação. Apenas espere um pouco e faça um escaneamento espiritual para saber como abrir portas.

- Há tempos para agir, mas há tempos para se retirar e reavaliar, reajustar, redesenhar e preparar uma estratégia. O período de gestação é um tempo para esperar, observar, nutrir, permitir o desenvolvimento do feto. É o período de incubação. Você deve escanear suas portas fechadas, diagnostique o efeito visível, encontre a causa, as consequências e ofereça soluções. Este é o seu paradigma de trabalho. Uma mudança de paradigma pode ser a resposta para que as portas fechadas se abram para você.

8 DESAFIOS E VÁLVULAS DE SEGURANÇA

Pepita No. 71 – Seus produtos – inovações, livros, fé, contribuições, ideias, negócios e entregas – serão testados e provados, então prepare suas válvulas de segurança

- Desafios e Válvulas de Segurança: Você descarta com facilidade aquela inspiração ou ideia que você teve porque alguém famoso ou célebre falou que não vai funcionar. Você desiste dos seus sonhos de se tornar um escritor porque seus primeiros escritos foram rejeitados por uma editora de grande reputação, ou nem tanto assim. Escute isso, o primeiro autor a atingir o ganho de dois bilhões de dólares, J. K. Rowlings, autora da série Harry Potter, foi rejeitada cerca de vinte e seis, ou vinte e sete vezes por editoras e muitas pessoas de sucesso hoje. Então não desista em suas dificuldades. Se você cair, fique de pé e comece de novo. Você deve aprender com seus erros. Não descarte aquele projeto. Provações, testes, perseguições, rejeições deveriam despertar o melhor em você e refinar seus produtos e não derrubar você. Seu produto também é uma ideia, intuição, palpite, instinto que Deus plantou dentro de você. Garanta que isso veja a luz do dia.

Pepita No. 72 – Como maçãs de ouro em salva de prata, assim é a palavra dita a seu tempo (Prov. 25:11)

-Prov. 25:11 (AMP)

Uma palavra falada de forma correta e no momento certo

são como maçãs de ouro em uma bandeja de prata

-Palavras apropriadas (adequadas) quando faladas, são palavras criadoras, que criam porque são adequadas, corretas e oportunas. Adequação e tempo certo, não apenas de palavras, trazem bons resultados. Estamos falando sobre colocar uma peça circular em um encaixe redondo e uma quadrada em um encaixe quadrado. Fazer de outra maneira traz desordem e atrasos indesejados. O homem tem alegria em dar uma resposta apropriada (Prov. 15:23). Você deve saber em seu contexto, organização, família ou igreja quando falar, ou não e se você deve falar, deixe ser da forma apropriada e de forma proporcional ou equivalente.

Pepita No. 73 – O que você tem – Um Davi e sua funda?

- Pare de usar ou esperar por aquilo que você não tem ou não pode ter, mas use o que você tem de forma correta para atingir seu objetivo. Sim, olhe dentro de você, você tem aquilo que é necessário. Quando Deus o criou, ele escondeu essa chave como uma válvula padrão ou ferramenta para você descobrir. Davi usou aquilo que ele tinha, uma funda ou estilingue para matar o gigante Golias, para resolver esse quebra-cabeça que manteve os israelitas insones e seus líderes sem saber o que fazer. Você pode conquistar e se destacar, então se levante e faça alguma coisa. O que você tem – uma funda ou um Davi?

Pepita No. 74 – Deus é acessível e disponível

-Mt 11:28

Venham a mim... e eu vos aliviarei

- Porque depositar sua confiança e sua fé naqueles que falharão com você. Existem nós que precisam ser desatados, Deus é acessível, pois ele diz que as coisas secretas – mistérios, enigmas, pertencem a Ele. Ele dá pistas para os confusos, dicas para os sem noção e descobertas para os que se aventuram. Deus está disponível para ser consultado e é acessível para lhe dar provisões.

Pepita No. 75 – Fazer é o início do ser. Ser é o princípio de alcançar. Alcançar é a essência de viver e viver é o tempero da vida

- Se você quer desfrutar da vida, uma vida que além de tudo

é abundante, não será encontrada em garrafas de cerveja e no pecado, mas em uma vida significativa, usada por Deus e pelos homens, então comece a fazer as coisas certas hoje. Isso vai fazer aflorar o ser, a criação que Deus fez de você, a essência da vida que é o que orienta para o sucesso na vida. Faça (algo certo) para que você venha a ser (alguém correto), então você estará pronto para conquistar e viver com propósito.

Pepita No. 76- Os homens devem orar, estar prontos para responder e ser responsáveis, não esmorecer ou reclamar – Lucas 18:1

-Você é uma máquina de reclamar ou murmurar? Você reclama de segunda a domingo e sobre todas as coisas. Preocupação e ansiedade são a fundação daqueles que mais reclamam, os quais sugam você emocionalmente, psicologicamente, fisicamente e até mesmo espiritualmente. Fale com o Senhor em oração e quando você receber aquela carga do Senhor, deixe-a lá. Por que se preocupar quando você pode orar? Uma senhora idosa, caminhava pela estrada carregando um pesado pacote quando foi ajudada por um bom samaritano, ele a levantou e levou para sua carruagem, mas enquanto estava dentro da carruagem ela continuava carregando o peso daquilo que tinha trazido, mas em sua mente. Quando você tiver orado, pela fé, vá trabalhar crendo em Deus.

Pepita No. 77- Permaneça com seus sonhos, pois foi o que fizeram aqueles que foram pioneiros em algo, assim como nossos heróis do passado e hoje, a história conta suas vidas em folhas de ouro.

- Explore, desfrute e redescubra seus sonhos, paixões, visão e potencial para realizá-los. Isso é o que vai ficar quando tudo chegar ao fim. Escreva-os e coloque-os onde possa vê-los todos os dias. Deixe-os gravados em seu coração, em seu pescoço, em todos os lugares e coisas. Confesse e declare-os para si mesmo e para todos que quiserem ouvir. Eles são sua vida. Faça deles seu objetivo e então trabalhe na direção de conquistá-los. Procure pelas ferramentas: educação, parceiros, mentores, conselheiros, todas as formas de ajuda para tornar seus sonhos realidade. Não será fácil, mas é possível. Converta seus sonhos em realidade. Não deixe aquelas ideias e sonhos morrerem dentro de você, ou com você. Comece hoje.

Pepita No. 78 – Orar sempre, como todos (os tipos de) orações- Ef. 6:18

- A Bíblia Sagrada diz que oramos e não recebemos porque oramos mau. Quando não obtemos resultados, analisamos o processo. Existem orações de defesa e de ataque: orações de vitória, orações de ajuda, orações de intercessão, agressivas, súplicas, petições, confrontadoras, decretos, orações de guerra espiritual e outras (para detalhes veja meu livro, Guerra Espiritual Estratégica) como alguém pode obter resultados quando continua a implorar? Você não implora para o Diabo deixar você, mas você repreende, confronta ou ordena. Você não implora para Deus se você é um filho. Quando a bíblia diz que você deve pedir e receberá, a palavra pedir significa exigir porque é seu direito constante na aliança. Filhos exigem e não imploram por aquilo que é sua herança. Como não perecerão se você se recusa a interceder por eles? Como não vão permanecer endemoniados ou possuídos se você se recusa a expulsar o demônio ou entrar em batalha espiritual através da oração para libertá-los? Se você quer resultados, então ore o tipo certo de oração, com a atitude correta de vencedor e filho que vive sob a aliança, que você é.

Pepita No. 79 – Não desperdice uma boa ideia. Uma ideia pode levá-lo ao topo, faça seu dia, ou ative as reações em cadeia do sucesso.

- Ideias viáveis, testemunho interior pessoal, revelações, insights são como sementes semeadas e germinam, crescem, dão frutos e brilham. Não mate o feto, ou embrião que carrega o destino de gerações ainda não nascidas. Deus o responsabilizará, caso você aborte o plano dele devido a sua tolice, medo ou ignorância. Não mate o bebê não nascido que Deus o confiou e depositou em você. Não destrua ovos que irão chocar para beneficiar a humanidade.

Pepita No. 80 – Chamamos de Atos (trabalho que evidencia frutos) dos Apóstolos porque eles deixaram provas, evidências, vestígios, rastros, pegadas, marcos que ecoam pelo tempo. O que você está deixando que mostra seus esforços: cinzas ou beleza?

- A beleza se torna cinzas, as cinzas voltam para as cinzas e o barro para o barro! O que você deixará para trás, ou tem deixado para trás. Esses foram os atos frutíferos, ou o trabalho dos Apóstolos, mas será que existirão registros memoráveis dos Atos dos Crentes quando partirmos? Diz-se que seu trabalho falará por você, bem ou mal. Evidência, uma evidência substancial, acima de qualquer dúvida que se possa pensar! Mordecai, Ana, Abraão e uma legião de outros nos registros de Deus, foram lembrados por Deus. Lembre-se, é uma palavra de aliança entre Deus e os crentes.

Quando os registros forem abertos, que o seu livro de atos memoráveis, venha a abrir diante de Deus, seu livro de boas memórias

9 TRANSFORMANDO SUA ADVERSIDADE EM PROSPERIDADE

Pepita No. 81 – Você pode transformar sua adversidade em prosperidade.
- Ela foi estuprada. Ela viverá com isso para sempre? Transforme a vítima que há em você em um vencedor. Use suas deficiências como degraus para subir mais alto. Isso aconteceu e aconteceu mesmo que seja ruim e maligno, mas isso não pode matar você se assim você decidir. Você pode não conseguir andar ou trabalhar como se aquilo não houvesse ocorrido, mas você não permitirá que seu passado ruim consuma seu bom futuro. Seu passado deve ser deixado para trás e não deve controlar ou determinar seu futuro.
"Tempos difíceis nunca duram, mas pessoas fortes, sim, esse foi o melhor conselho dado a fazendeiros abatidos que haviam perdido toda a produção de suas fazendas, devido a um desastre natural no ano da grande depressão e esse conselho deu a eles força para seguir adiante."
Você nasceu para vencer e prosperar.
Pepita No. 82 – Todo grande mover de Deus pode ser rastreado de volta até uma figura de joelhos – D. L. Moody
- Você acha que sabe de tudo? Não, você precisa de ajuda para suportar e continuar. Você precisa de Deus e sua força e provisões. Peça a Deus por sabedoria, força, provisão, pois

aqueles que pedem recebem, aqueles que buscam encontrarão e aqueles que batem, a porta se abre para eles. Alguém está orando por você, então aprenda a interceder por outros também. Orem uns pelos outros, a Bíblia diz.

- Vamos ajoelhar ao longo do nosso percurso pela vida, disse um antigo santo, pois nossos joelhos batem nas portas do céu.

- Operação EMPURRAR: ore até que algo aconteça.

Pepita No. 83 – Oração de guerra espiritual – Deus quer que nós lutemos porque ele nos chama de soldados da cruz, mas lutamos partindo da vitória, não para obter a vitória.

- As guerras são vencidas pela luta, boas lutas da fé. Aqueles que entram em uma luta, o fazem para vencer. Soldados são lutadores em virtude do seu treinamento e seu chamado na vida. Treine a si mesmo; discipline suas emoções para poder ser de bom uso para o mestre, um vaso de honra. Perdedores estão sempre assustados e fraquejando como se sempre fosse uma sexta-feira treze. Eles perdem antes de lutar

Pepita No. 84 – Atrasos não significam uma negação.

- Sempre existe um tempo de espera para todas as recompensas ou resultado merecido. A impaciência arruinou muitos empreendimentos viáveis. Você não precisa comer o bolo antes que esteja assado. Este tempo de espera é um tempo de reexaminar suas estratégias e prospecções, um tempo de antecipação. José experimentou atrasos mesmo quando seu potencial ou chamado já era bem conhecido por ele quando tinha dezessete anos. Moisés, Jacó e muitos outros vivenciaram atrasos, mas eventualmente atingiram seus objetivos. Contudo, devemos distinguir entre atrasos que não vem de Deus e aqueles que vem da parte do Senhor.

Pepita No. 5 – O plano de Deus para sua vida atrairá adversários em seu ambiente.

- Aprenda a lidar com oposições e não as evite ou fuja delas. Você tem concorrentes que irão querer enganar você, ultrapassar você. Então eles empregarão muitas táticas para tirar seu foco. Lide com eles dando menos atenção aos seus truques. Pois é o plano de Deus esperar que o inimigo tente frustrá-lo. Se os pássaros mais fortes podem contender com o redemoinho e o peixe com as fortes ondas de uma tempestade, então você deve contender com o seu ambiente, não importa quão adverso seja. Deus criou você para conquistar seu ambiente para conseguir ser bem-sucedido. Você é um solucionador de problemas, então pare de procurar em outro lugar que não está disponível para você.

Pepita No. 86 – Se você é capaz de ver, você é capaz de enxergar. Você pode enxergar, se assim decidir.

- Seja frutífero e multiplique ao aplicar os princípios de multiplicação. Existe um efeito multiplicador para grandes descobertas. Apenas olhe dentro de você, fora de você, ao seu redor e poderá enxergar ouro onde outros veem pedras. Sua determinação é o fator determinante. As escolhas ou decisões que fazemos hoje, determinam o que acontece conosco no futuro. Campeões são formados, ser campeão não é algo que pode ser herdados ou transferido. A Bíblia diz que podemos todas as coisas em Cristo que nos fortalece. Busque, obtenha revelações, visões impactantes; enxergue além do que vê, você mesmo, hoje, para viver algo maior que está aguardando você.

Pepita No. 87 – Quando começamos a orar, paramos de brincar e quando começamos a brincar, paramos de orar

- Isto é uma alegoria. A qualidade de seu investimento é provavelmente o mesmo que você receberá. Se você fizer as coisas certas, então receberá as coisas certas. Conserte a si mesmo e consertará o que recebe.

Pepita No. 88 – Um machado emprestado é como a unção emprestada.

- Você deve ser o seu próprio Eu, aquele que Deus deu. Imitação tem limitações. Cópias ou fotocópias não demonstram originalidade. Descubra a si mesmo e comece a florescer. Deus nunca criou ninguém com menor valor ou como um cidadão de segunda categoria, mas o sistema criou. Porém, você pode mudar seu próprio sistema.

Pepita No. 89 – Ficar ao lado das pessoas certas, no lugar certo e fazendo as coisas certas, abre portas.

- Se associar com influenciadores ou pessoas influentes determina o que acontece com você, positiva ou negativamente. Mova-se com mentes similares, com pessoas que podem complementar sua visão e não matar seu destino. As pessoas certas são aquelas que podem levantar você, encorajá-lo, aconselhá-lo, chamar você de volta quando você se desviar e abastecer seus bons esforços, aqueles que querem que você seja bem-sucedido. Não aqueles que meramente toleram você, mas aqueles que celebram seu sucesso. Não fique ao lado daqueles que não veem nada de bom em você. Associações ou conversas malignas, corrompem os bons costumes.

Pepita No. 90 – Não viva uma vida desperdiçada ou inútil

- Que tipo de vida você está vivendo hoje – uma vida desperdiçada ou inútil? O mal uso que você fez das coisas ontem, é o sofrimento que você está vivenciando hoje e todo desperdício de hoje vai gerar seu fracasso de amanhã. Faça reservas para seu amanhã, pois seu futuro precisará disso. O que você alcançou nesse estágio da sua vida? Não é tarde demais. Existe esperança, então se levante e continue caminhando.

10 VIVENCIANDO DEUS E PORTAS ABERTAS

Pepita No. 91 – Vivenciando Deus – Ninguém pode experimentar algo de Deus e permanecer o mesmo.
- Moisés, no livro de Êxodo, experimentou a semelhança, ou presença de Deus – a sarça ardente. Deus usou isso para atrair a atenção de seu pastor. Deus precisa da nossa atenção para se comunicar conosco. Para desenvolver nossos potenciais e alcançar seu destino, Deus quer revelar algumas verdades, dicas, inovações para você descobrir. Em sua experiência com Deus você deve ouvir e estar pronto para obedecer. Desfrutar de Deus expões você aos segredos do mestre, os segredos para o sucesso e a plenitude na vida. Ezequiel, Jacó, Jesus e uma legião de outros experimentaram Deus, portas abertas e o céu aberto. Transformação vem através de vivenciar Deus, seu poder e maravilhosa grandeza.
Pepita No. 92 – Destrave seus potenciais, desbloqueie suas portas fechadas.
- Algumas das chaves são aquilo que você está estudando aqui e mais estão por vir. Você deve ter acesso àquelas portas fechadas se achar que deve desbloquear seus potenciais. Portas fechadas são como gestações bloqueadas. Por algumas razões desconhecidas e outras óbvias, elas permanecem assim, para além do período de gestação normal de nove meses. Portas fechadas são como semear em solo seco ou colocar água em um balde furado. São canos de

despejo. Qual é o sentido de ganhar dinheiro que será colocado em um bolso furado? Lide com suas portas fechadas e depois embarque em empreendimentos viáveis.

Pepita No. 93 – Céus abertos facilitam portas abertas e céu fechado, portas travadas.

- Que seu céu seja azul e não escuro e cinza. Que seu campo seja verde e não improdutivo. Que seus rios sejam tranquilos e não tempestuosos. Que suas mãos sejam mais ricas e não mais pobres. Que sua vida seja saudável e você experimente céus abertos. Arrependimento atrai céus abertos, se meu povo... se arrepender de seus pecados.

Pepita No. 94 – Fazer algo bom da forma errada sempre resultará em portas fechadas.

- Semeie uma semente viável em um bom solo. Isso significa investir sementes de qualidade, trabalho e recursos em um projeto rico e valioso. Existe um processo apropriado, guias melhores, manuais de conquistadores, caminhos metódicos e processuais de fazer as coisas. Não desista até que consiga fazer certo. Perseverança, persistência, consistência e habilidade vão afiar sua perspicácia.

Pepita No. 95 – Discernindo o tempo e as estações de Deus para sua vida.

- Eu acredito em um timing espiritual. Em todos os seus empreendimentos, pegue a deixa no tempo certo.

- Você pode ter tudo funcionando para você, mas o que você não tem é Todo o Tempo. O bom gerenciamento do tempo pode transformar você em um gerenciador de riqueza. O tempo perdido não pode ser recuperado. Você perdeu o ontem, o amanhã não está com você. Trabalhe como se você só tivesse o hoje.

- É o Espírito que movimenta, vivifica, então movimente o dom, dê vida ao líder, ao inovador, à habilidade e ao know-how técnico em você.

Pepita No. 96 – Faça um voto. Um voto é uma promessa a Deus de realizar algum serviço em troca de um favor.

- Não espere o melhor de Deus se você não deu a Ele seu melhor – Integridade e confiança são primordiais nos negócios e no ministério se você quiser sobreviver no futuro.

- Se você é estéril, infrutífero, improdutivo com sonhos não realizados, faça um acordo com Deus. Faça um voto.

Pepita No. 97 – O que você tem?

- Você pode criar algo a partir do nada.

O que você possui – dinheiro? O que você possui – ideias? Compartilhe isso com as pessoas certas, os que produzem evidências, investidores e amigos. Mesmo quando você não tem nada: Compartilhe. Contudo, Deus nunca criou você para ser um zumbi. Você possui vida, cérebro, relacionamentos e até mesmo inimigos podem direcionar o melhor em você, se você apenas mostrar a eles que Deus está ao seu lado.

Pepita No. 98 – O que você tem – sonhos e visões?

- Eles são protótipos e super estruturas de multinacionais. Assim como a gravidez, grandes visões geram e dão à luz a grandes conquistas. Sonhe alto e tenha grandes visões. Incube-as até o tempo do nascimento. O que você tem?

Pepita No. 99 – O que você é?

- Não as marcas ou nomes que você usa, mas o eu em você que o torna quem é, você é, enquanto o eu em mim, me torna quem eu sou. Sua identidade ou potenciais precisam desenvolver relevância. Você pode não ser um contador, mas trabalhe como um. Você pode não ser uma serva, mas trabalhe como uma. Explore tudo que Deus tem para você, ele tem múltiplas correntes de receitas e recursos.

Pepita No. 100 – O que você tem, Deus?

- Deus da providência – um poço de inspiração, um ponto de referência para todos os conquistadores, uma enciclopédia de conhecimento para investigadores e sedentos exploradores, um ponto de virada para todos os pontos críticos, o Rei de todos os reis e o Senhor de todos os senhores.

Pepita No. 101 – O que você tem – vida?

- Os mortos não podem conquistar nada, nem louvar a Deus. Faça alguma coisa com a sua vida. Mesmo se você estiver doente, você ainda está vivo. Se algo lhe falta, então aumente sua quantidade, escale para o alto assim como fez Zaqueu na bíblia. Se você não possui educação formal, então vá atrás disso. Se você acha que é muito gordo, então mude seu tamanho.

Pepita No. 102 – O que você tem? Amigos e família.

- Use seus amigos e os membros de sua família. Avalie-os e descubra suas forças e fraquezas. Até mesmo uma fraqueza pode ser convertida em um recurso. Mesmo o sapo pode cantar e cantar em coro. Se você duvida disso, visite as lagoas na quietude da noite e ficará maravilhado com a harmonia do canto deles.

Pepita No. 103 – Minhas orações e desejos para você. Que tudo corra bem com você e seu trabalho!

- Que você não seja uma vítima de recusas seletivas, coletivas, privações ou invocações malignas. Que você seja cabeça e não cauda. Você irá para as nações e não tomará emprestado. Que você desfrute o fruto e a doçura do seu trabalho. Que você não lave suas mãos, mas também não quebre as nozes no lugar dos pássaros. Que seus empreendimentos turbulentos na vida se transformem em empreendimentos viáveis. Que os céus sobre você sejam abertos e a terra sob você seja fértil e frutífera em nome de Jesus. Amém e amém! Vejo você do outro lado, que é magnífico e abençoado.

AGRADECIMENTOS

Agradeço por você encontrar um tempo para ler esta obra. Espero que você tenha sido abençoado. Serei muito grato se você compartilhar isso com seus amigos, escrever uma resenha como consumidor e dar uma nota online na página do livro, pois isso ajudará outros a compartilhar e desfrutar dessa benção também. Muito obrigado e Deus abençoe você grandemente.

APÊNDICE A: VOCÊ NASCEU NOVAMENTE?

Você deve nascer duas vezes, isso significa – o nascimento natural ou biológico e o nascimento espiritual, antes que possa ver o reino de Deus. Você deve nascer de novo. Você é salvo? Se o Senhor voltar agora, você será levado aos céus? Seu nome está escrito no livro da vida? Para onde você irá quando morrer – céu ou inferno? Diga a verdade a si próprio e faça algo a respeito de sua situação. O céu é um lugar preparado e é feito para pessoas preparadas. O inferno é um lugar preparado e é feito para pessoas não preparadas. Você quer nascer novamente? Então

1. Reconheça a si mesmo como um pecador
- Pois todos pecaram e foram destituídos da glória de Deus – Rom. 3:23.
- Você é um pecador por nascimento, pois em pecado sua mãe concebeu você- Salmo 51:5
- Você é um pecador por escolha, pois somos todos como ovelhas que se desviaram. Isaías 53:6; Rom. 6:23.

2. Arrependa-se e creia em Jesus Cristo
- Arrependa-se e seja convertido para que seus pecados sejam apagados, Atos 3:19.

3. Confesse seus pecados
- Com tristeza e arrependimento verdadeiro, confesse seus pecados e diga a Deus que está arrependido. Peça para que Ele o perdoe por tudo. 1 João 1:9.

4. Aceite Jesus Cristo em seu coração.
Faça essa oração dos pecadores – Senhor Jesus, eu agradeço

a ti por me perdoar conforme a tua palavra. Entra em meu coração. Sê meu salvador e Senhor. Remove meu nome do livro da morte e escreve-o no livro da vida. Pela fé eu creio que sou salva, em nome de Jesus, Amém.

Parabenizo você pela sua ousada e sincera decisão e confissão. Escreva-me hoje para que eu ore com você. Junte-se a uma igreja avivada, perto de você, onde preguem a verdade.

APÊNDICE B: TESTEMUNHOS DO MINISTÉRIO DO PASTOR IKECHUKWU

– O que as pessoas tem falado.

- Homem Comuns com Poderes Extraordinários

-Homens Comuns com Resultados Incomuns

-Homens Comuns com Unção Incomum

-Homens Fracos com Feitos poderosos

- Homens Mortais sem Estudos, com uma Visão Imortal,Criações e Histórias de Vida Dignas de um-PhD

- Faiths miracle comentou sobre sobre meu livro: Descobrindo a Si Mesmo, no wattpad – MDS! Isso é incrível. Você deveria

MANUAL DOS CONQUISTADORES 1

colocar atualizações com mais frequência.Isso é simplesmente, não sei, extraordinário. Que o bom Senhor abençoe você. Já estou apaixonado por esse livro.

-Misstmaria comentou sobre meu livro - Descobrindo a Si Mesmo, no wattpad – Uau!!!! Esse livro é incrível e como você está certo. Que lição maravilhosa há aqui!! Obrigada!

-ByronWalker – Eu realmente gostei do livro (Guerra Espiritual Estratégica). ByronWalker6 votou no Guerra Espiritual Estratégica no wattpad.

- Eu amei ler, embora tenha levado meu tempo para ler, esse livro é cheio de unção. Fiquei acordada lendo até não conseguir mais, quando já estava de manhã - descansei um pouco e acordei na presença de Deus para adorar, esse é o nível de impacto que teve sobre mim.

As orações nesse livro também despertaram um desejo dentro de mim de enxergar as respostas para essas orações. Lerei mais livros desse autor.

Ele conhece as escrituras e fala de forma clara e a unção o ampara, com toda a glória dada a Deus.

Vá em frente, leia, você ficará feliz e será tocado pela linda presença do Espírito Santo, é uma excelente leitura e eu vou ler novamente. Todo mundo deveria ler esse livro, super recomendo (referindo-se ao livro Unção do Espírito Santo: Pepitas de Fé da Bíblia Livro 5 da Série)

-Rebecca Belardo (Georgia) –

-Muito obrigada por esse livro. Ele simplesmente apareceu no meu Kindle quando eu estava procurando por uma Palavra da parte do Senhor. Isto é verdadeiramente da parte do Senhor MUITÍSSIMO OBRIGADA. JUANITA. USA

- Deu 5 estrelas, Foi tão renovador – Por jamar w Jackson

-Amei. Aprendi muitas coisas nesse livro. Uau isso foi certeiro. Amei esse livro GLÓRIA a Deus

- Cinco estrelas por Gary blakely, Formato: Kindle Edition, Compra verificada

Ótimo Livro sobre a unção, se você quiser aprender mais

-Cinco Estrelas por Betty H

Ótimo livro, cheio de sabedoria, autor/escritor incrível!

-Por Smackyon – Carregado de Poder e informativo.

-Cinco Estrelas por Will Pearceon – Muito bom e esclarecedor.

- A cliente Amazon "rosa lee Watson" deu como nota Cinco Estrelas

Amei.

- Saudações, fui tão abençoada enquanto procurava por livros na Amazon e me deparei com seu livro, Pepitas de Fé livro 5-Bíblia da Unção do Espírito Santo. Comecei a ler e realmente não queria parar. Estou na página 690, o livro me animou de verdade e estou ansiosa para terminar a leitura e para ler outros livros. Esse livro trouxe um despertar e ministrou profundamente em mim. Obrigada por compartilhar o conhecimento que Deus deu a você pela graça, que Deus abençoe você Joseph. Estou atenta e recebendo a presença de Deus, Profetisa Rebecca

-Feliz Natal Pastor Joseph, você tem sido uma grande benção para mim, através das suas mensagens que venho recebendo. Tenho usado elas em meu púlpito. Deus abençoe você e derrame uma chuva de suas bênçãos divinas sobre você.

Seu irmão, Pastor E. A. [Kenya]

-Querido Pastor Joseph,

Você tem sido uma grande benção para mim. Seus ensinamentos são tão encorajadores e muito poderosos. Eu estou ornado tanto por você. Tenho recebido seus materiais de ensino e tenho me perguntado de onde você vem? DE que país? Que Deus o abençoe grandemente.

Pastor N. O. O (Kenya).

- Querido pastor IK,

Muito obrigado pelas mensagens inspiradoras que tem enviado para mim. Elas tem sido de grande ajuda. Deus abençoará você ricamente. Pastor Benjam

- Meu nome é Mathew. Recebi um email que não era direcionado para mim. Porém, vejo a mão divina de Deus direcionando a mensagem para mim. Não foi sequer endereçada a mim de forma alguma. Foi enviado para Veronica Argentina. Tenho buscado a unção de Deus no ministério para o qual ele me chamou, e percebi que antes mesmo de receber seu email, eu não queria fazer nada sem a mão ungida de Deus sobre isso. Existem pessoas demais aí fora que estão em um ministério que não foi ungido e sem um chamado ungido. Se eu profetizar ou colocar minhas mãos sobre alguém para que receba cura e não tenha a mão de

Deus nisso, eu preferiria nem sequer me incomodar em fazer. Como ultimamente eu tenho buscado um relacionamento mais profundo com Jesus e só ministrando para aqueles que Senhor coloca bem na minha frente. O Senhor me deu um grande fardo para os que tem o coração quebrantado e são cativos do pecado; meu próprio coração está quebrantado diante de Deus nisso. Quando eu estava no Peru, experimentei dessa unção e quando voltei aos E. U. A. ficou um remanescente daquela unção por um tempo. Porém, noite passada eu fui convidado a falar e eram apenas palavras, sem o poder da vida de Cristo nelas, eu sofri durante a noite e ao acordar encontrei esse email, que nem sequer foi direcionado a mim. (N. B: Bíblia Pepitas da Fé Edição Serosa, que ele recebeu estava sob uma unção Davídica. Ao mesmo tempo em que ele estava pedindo por uma unção de Deus). Eu amo tanto o Senhor e quero servi-lo. Ele fez tanto por mim. Nunca serei capaz de retribuí-lo por sua bondade. Estou BUSCANDO A DIREÇÃO DE DEUS NA MINHA VIDA E O QUE ELE QUER QUE EU FAÇA ONDE ELE QUER QUE EU VÁ.

- G. M. (E.U.A)

- INCRÍVEL esse livro. Estou feliz que você permitiu que Deus falasse através de você para me dizer onde eu estava saindo da linha e agora eu devo seguir e continuar no caminho dele. Obrigada e que Deus continue a abençoá-lo.

- D. Woodrow

Olá, Pastor Joe,

Eu sou realmente abençoado com seus e-mails, mesmo que não tenhamos tido tempo juntos, seja fisicamente ou pela internet. Por favor, mantenha a conexão avivada, pois o

Senhor é a sua força.

Shalom. – O.J

Prezado Pastor Joseph,

Muito obrigado por suas palavras de inspiração e revelação. Que Deus abençoe você ricamente e o ministério, continue com o bom trabalho que você tem feito.

P. H

Obrigado por sua mensagem. Fico pensando de onde você tirou essas coisas. Mantenha a chama acesa.

-E. V (e-mails yahoo)

Pastor Joseph,

Obrigado por todas as doces mensagens que o senhor tem enviado. Este e-mail é para desejar o melhor a você nesse ano glorioso. Quero que saiba que o Bom Senhor continuará a abençoar e levantar você.

J. M (Nigeriano)

Obrigado, meu irmão. Você foi envido por Deus. Comecei meu jejum hoje e estou muito encorajado por essas mensagens. Você vive na África ou no estrangeiro?

N.O (África do Sul)

Estou muito feliz de ter recebido esse livro maravilhoso de você. Agradeço-lhe e quero dizer que não há nada melhor que você pudesse ter feito por mim. Ó Pastor, com apenas as primeiras páginas que tive a chance de ler, fiquei tentado a dizer que era eu quem estava ali representado. Estou muito feliz por ter esse livro. Desejo a você tudo de bom e falo para continuar abençoado, mas como o pequeno Oliver, eu peço por mais. Feliz natal e um feliz ano novo!

-D. J. N (Gana)

Pastor Joseph,

Você nunca, nunca para de me abençoar. Amei a inscrição na cabeça do martelo emprestada! AMÉM, AMÉM AMÉM!!!!!! (título completo da edição a que ela se referiu era Machado Emprestado-Machado Ungido)

-Pastor D. S (U. S.A)

Esta é realmente uma mensagem que abre os olhos e que veio diretamente do trono de Deus. Eu passei a mensagem adiante para que outros possam ser abençoados.

-Evangelista Valrie (E.U.A)

Amado,

Muitíssimo obrigado por esta e outras que você tem enviado. Todas elas abençoaram meu coração.

Shalom. U.I (Nigéria)

Não tenho certeza de como consegui entrar em sua lista de email, mas obrigado, isto foi algo que Deus queria que eu ouvisse

(Referindo-se a Bíblia Pepitas de Fé).

LYN

Olá Pastor,

Eu fui edificado após ler essa pepita, o Deus Todo Poderoso deu a você mais inspiração e conhecimento de sua palavra.

-CO. (E.U.A)

Querido amado,

Obrigado por suas lindas e inspiradoras mensagens, elas são tão oportunas, que o Senhor continue a abrir espaço para você nesse ministério, por favor, inclua seu telefone de contato, gostaria de falar com você. Deus abençoe grandemente você.

Amém I.E

Saudações Ikechukwu,

Bênçãos e saudações no precioso nome de Jesus! Obrigado por sua carta e palavras de encorajamento! Que Deus o use para estabelecer seu reino na terra e estabelecer verdade e justiça. O Senhor reina, que a terra se alegre; que as regiões costeiras distantes se alegrem. Permaneça sendo abençoado NELE!

Pastor S. A (Ucrânia)

Prezado Joe

Obrigado por seu amor e também obrigado por enviar uma boa mensagem que abençoou minha alma, eu gostei dela. Que deus abençoe você ricamente, muito obrigado.

VER. V. U. J (Nigéria)

Querido Pastor, bom dia em nome de Jesus. Li seu livro, mas

vejo que Deus quer me dar vitória porque aquilo que eu li, até o momento, descreve meu problema de 11 anos.

Kate (Nigéria)

Louvo a Deus por tudo que você me enviou, e-mails de encorajamento. Se pudesse expressar como isso fez eu me sentir, todos estaríamos chorando.

-Evangelista Neal (U. S. A)